いつも幸せはそばにある

たぐちひさと

徳間書店

まえがき

人の心は目に見えませんが、心の状態は目に見えるものが教えてくれます。例えば、あなたがストレスを感じたり、悩みごとを抱えたりしているとき、部屋は散らかっていませんか。

反対に散らかった部屋を片づけると、気分がスッキリします。人は目に見えるものを整えることで、心も整うようになるのです。

とはいえ、心に余裕がなく、部屋を片づけられない人もいます。そんな場合は、たいてい自分の軸が明確になっていないことが多いようです。

物を手放す基準があいまいで、何が自分にとって必要なのかをわかっていません。本当は不要な物なのに手放せず、物が増え続けるため、余計に片づけるのに時間がかかったり、必要な物を探すのに苦労したりすることもあります。そうなると生活に余裕がなかなか生まれず、幸せを感じにくくなるでしょう。


これは人生も同じです。

自分の軸がないと、自分にとって本当に大切なものがわかりません。大切ではないことに振り回され、時間を奪われ、自分を見失うことも。

本書ではそうならないように、Instagramで好評だった言葉を通じて、自分自身、人づきあい、暮らしなどを整える考え方や方法を紹介します。

60万人以上いるフォロワーからは、このような感想をいただいています。


「つらいときに元気をもらったり、気持ちの切り替えのヒントをいただいたりしています」

「心が楽になりました。思い切って休むことにしました」

「涙が出るほど身に染みました。また明日から頑張れます」

本当に大切なのは、物を手放したり、苦手な関係を断ったりすることではありません。

それらを通じて、自分と向き合うこと。自分にとって本当に大切なものが何なのかを見極め、それらを大切にすることです。

すると、まわりに振り回されず、自分らしく生きられるようになります。

本書が、あなたらしく幸せに生きられるためのきっかけになれば幸いです。

CONTENTS

Chapter 1
心を整える

001

迷っている間は
自分と向き合う
大切な時間
自分が納得するように
決めればいい

002

すぐに手放したい考え方

・失敗してはいけない
・まわりに頼ってはいけない
・ネガティブはよくない
・自分にはできない
・すべて自分が悪い
・こうあるべき
・他人にどう思われているか
・自分さえ我慢すればいい
・自分ができるから相手もできる
・親の言うことはすべて正しい
・友達は多いほうがいい
・夢を持ったほうがいい
・結果がすべて

003

気分転換6か条

何となくモヤモヤしたら
頭の中を言葉にする
意識的に前向きな言葉を選んで
悪い言葉を言い換える
嫌だと思ったらその場を去り
嫌なことを思い出さないようにして
好きなことに集中する
それでもダメなら寝るだけ

004

思考や感情は
環境から生まれる
目に見えるもの
聞こえるもの
触れるものを変えれば
気分は変わる

005

楽しもうとする

しっかり計画して
準備に時間をかけても
失敗は避けられない
それでも行動し
失敗を重ねて
反省と改善を繰り返す
成果が出るまでは
長いかもしれない
それでも積み重なれば
いつかたどりつく
今できることは
楽しもうとするだけ

006

人生を楽しむ人は
「まだ」何歳
人生を楽しめない人は
「もう」何歳
どうとらえるかは
自分次第

007

何とかなる

失敗しても何とかなる
別れても何とかなる
適当に生きても何とかなる
恐れていることは
なかなか起こらず
何か失ったら
新しいものが入る
誰にでも良いときもあれば
悪いときもある
自分が思うよりも
まわりは見ていないから
好きなようにすればいい

008

迷ったときは
どちらも正解
本当に望まないものは
考えないから

009

考えすぎない

自分に価値がないのではなく
他人と比べているだけ
愛されていないのではなく
相手より愛しているだけ
間違っているのではなく
価値観が違うだけ
傷ついたのではなく
大切なものを守ろうとしただけ
不安なのではなく
先のことを考えすぎただけ
責めなくてもいい
許してもいい
考えすぎないように

010

考えすぎない方がいいこと

・人の気持ち
・元恋人
・過去の失敗と未来
・自分を嫌う人や傷つけてくる人
・人にどう思われるか
・言ってしまったこと
・生きる意味
・死んだ後どうなるか
・体重
・終わった恋
・将来結婚できるか
・子供のテストの点数
・LINEの返事がないこと
・自分ではどうにもできないこと

011

悲しいと食べたくなる
つまらないと食べたくなる
悩みが太らせる
やせたいなら
心を満たすこと

012

心配ごとや悩みごとは
夜にやってくる
思い浮かばないうちに
早く寝ればいい

013

何もできなくても
不平や不満
愚痴《ぐち》や言い訳
悪口や文句を
口にしなければ
よくなっていく

014

口に出すと前向きになる言葉

・「ありがとう」
・「生きているだけで丸儲け」
・「うまくいかなくて当たり前」
・「きっと明日はいい日になる」
・「今日が1番若い」
・「曇り空の向こうは青空」
・「死ぬこと以外かすり傷」
・「心配事の9割は起こらない」
・「大丈夫」
・「辛いのは自分だけではない」
・「何とかなる」
・「ピンチはチャンス」
・「やまない雨はない」
・「やればできる」

015

何か足りないと思うのは
誰かと比べるから
必要なものは
自分の中にすべてある

016

幸せが何なのか
わからないから
他人の幸せが
うらやましくなる
自分の幸せを
見つけなさい

017

損する人の特徴

明日やろうと思うから
何も変わらなくて
完ぺきにしようとするから
失敗を恐れるようになり
自分の頭で考えないから
あとで後悔する
誰かの足を引っ張っても
みじめになるだけで
人によって態度を変えても
誰かには見られていて
嫌われたくないと思っても
誰かに嫌われていて
我慢してつまらないのが
損する人

018

悲しいときは泣いて
楽しいときは笑う
そのときの感情に
素直になる
我慢しなくていい
強がらなくていい

019

どんなときでも
よい言葉を信じていい
どんなときでも
自分を信じていい

020

全てを失って
初めて気づくこともある
そんな自分を
恥じなくてもいい
これからに活かせばいい

021

やればいい

学生の頃は
時間があってもお金がなくて
社会人の頃は
お金があっても時間がなくて
定年後は
時間やお金があっても
若さがない
人生で必要なものが
全てそろうことはないから
今やればいい

今の自分が一番若い
何か始めるなら
今がベストタイミング

023

生きる力になるもの

・人のやさしさ
・ありがとうの言葉
・褒《ほ》め言葉
・笑顔
・少し先のご褒美
・おいしいもの
・好きな人からの連絡
・家族やペット
・子供の存在
・愛する人（推《お》し）がいること
・話を聞いてくれる友達
・人に認められること
・人に必要とされること
・自分の居場所があること

024

傷ついたときに
必要なのは
夢中になれる趣味と
話せる友人と
おいしい食べ物

025

自分の心を取り戻す５か条

本当に大切な人やものに
時間とお金を使い
好きなものに囲まれて
自分を否定するくらいなら
その場から離れて
泣きたいときは
思いっきり泣いて
一人の時間を確保して
自分の気持ちと向きあえば
心を取り戻せる

026

あなたのままでいい

傷ついているなら
無理して笑わないように
疲れているなら頑張らないように
まわりに何か言われても
気にしないように
やりたいことがなくても
焦《あせ》らないように
自分がわからなくても
責めないように
誰かの役に立てないと
思ったとしても
先が見えなくて
不安だったとしても
あなたのままでいい

027

自分の道がある

たとえうまくいかなくても
人生は一度で決まらない
思うよりも人生は長く
諦《あきら》めなければ
何度でも挑戦できる
限界は自分が決めるもので
可能性はいくらでもある
ピンチをチャンスにして
悔しさを武器にして
経験は学びとし

過去にこだわらず
今だけに集中する
人生は一度きり
明日どうなるかは
誰にもわからない
人生に答えはなく
自分だけの道がある

028

いくつになっても

10代の時に
わからないことを知り
20代の時に
当たり前の違いを知り
30代の時に
自分の可能性を知り
40代の時に
まだ頑張れることを知り
50代の時に
健康の有難《ありがた》みを知り
60代の時に
人生の楽しみ方を知る
いくつになっても学びがあり
自分で決められるなら幸せ

029

いくつになっても
挑戦することで
人は輝き
挑戦し続けることで
楽しみが増える

030

今を大切に

人生は先がわからなくて
普通にしてても
どんなに良いことをしても
何があるかわからない
あの時こうしていれば
伝えておけばと思ったとしても
時を戻せず
どんなに悲しくても苦しくても
時間をかけて受け止めるしかない
何気ない日常は本当は奇跡で
少しでも後悔しないように
目の前にいる人を
今この瞬間を大切に生きるだけ

031

今日1日
何もせず終わったと
後悔する日は
何事もなく
無事過ごせた
幸せな日

032

笑うだけで
気分が良くなり
気づくだけで幸せになり
感謝することで
人生が変わる

Chapter 2

人づきあいを整える

033

仲良くなるヒケツ

なぜ声をかけたかわかるように
自分から話しかけて
相手に質問しながら
自分のことも話す
相手の良いところを
見つけて褒めて
自分から好きになれば
すぐに仲良くなれる

034

義理に縛られない
お中元やお歳暮は
贈りたい人だけにして
日ごろからお礼する

035

任せる

人に任せるときは
最後まで任せること
自分がした方が早いと思っても
中途半端に口を出さないこと
人に任せるなら
自分の分身として期待せず
自分のやり方を押しつけず
その人を信じて見守るだけ

036

言ってはいけない余計な一言

・「あなたのためを思って」
・「〜してあげようか？」
・「知らんけど」
・「普通は〜」
・「私だったらこうしてたけど」
・「誰々があなたの悪口を言っていた」
・「何か老けた？ 太った？」
・「まあ別にいいけど」
・「私の頃はこうだった」
・「頑張って！」
・「いいよ、別に」
・「やろうと思っていたのに」
・「私一人でもできるんだけどね」

037

その場にいない人の
悪口を聞いたら
流されないこと
同調しないこと
話題を変えること

038

可愛げがある人は
いつも笑って感謝している
何かできなくても
力になりたい
助けてあげたいと
思われる人は幸せ

039

歩み寄る

相手ができなくても
自分が頑張っていても
相手に想いを押しつけないように
自分にも相手にも
できないことがあって
お互いに支えている
価値観が違っても
歩み寄る気持ちを忘れないように
過去は消せないけど
やり直すことはできる

040

譲るときは潔く譲る
諦めることも
ときには大切
こだわりを捨てても
困ることはほとんどない

041

嫌いな人に
好かれようと頑張るより
上手く嫌われて
関わらないほうが
楽になる

042

嘘で固めた自分で
好かれるよりも
ありのままの自分で
嫌われたほうが
気持ちいい

043

経験だけで
人を判断できない
目の前の相手を
しっかり見ること

044

話すよりも聞くよりも
大切なのは
相手と過ごす時間を
楽しもうとする気持ち

045

自分を変える

簡単に人は変われない
無理して自分を
変えようとすれば
うまくいかずに焦りを感じ
自分が嫌いになる
自分を変えようとするよりも
環境や人づきあいを
変えたほうがうまくいく

046

収入や能力や
地位が高いかより
人づきあいが
上手な人が幸せ

047

イライラさせる人が
いるのではなく
イライラする
自分がいるだけ

048

イライラした時にしたいこと

・期待しない
・逆の立場で考える
・自分に都合よく解釈する
・美味しいものを食べる
・深呼吸して6秒待ってみる
・イライラしている自分に気づく
・違うことで忙しくする
・その場から立ち去る
・楽しいことを考える
・お風呂にゆっくり入る
・体を動かしてストレス発散
・推しの顔を思い浮かべる
・宇宙や世界の観点から考える
・生きていることに感謝する

049

モヤモヤしたり
羨《うらや》むくらいなら
SNSをしないこと
他の方法でも
人とつながれる

050

1つでも

嫌われたくない
認めて欲しい
わかって欲しい
1つでも手放せば
生きるのが楽になる
強がらない
無理しない
媚《こ》びない
1つでもできれば
素敵な人が集まる

051

何を言うかで
知性がわかり
何を言わないかで
品格がわかり
何を与えたかで
人となりがわかる

052

優しい言葉をかけるより
傷つくことを
言わないかどうか
正論やアドバイスは
時として人を傷つける

053

振り回されない

相手が不機嫌なのは
あなたのせいではないから
気にしすぎないように
優しいあなたへ
八つ当たりしているだけ
うまくいかないことを
誰かのせいにするような人に
振り回されないように
相手にしないように
嫌なことを嫌と言い返して
離れるなら仕方ない
自分を受け入れてくれる人と
付き合えばいい

裏切られる悲しさを
嘘をつかれる寂しさを
傷つけられる苦しみを
理解できない人は
信用できないから
自分から離れること

055

付き合い方8か条

苦手な人がいても挨拶《あいさつ》だけはして
嫌いな人がいても話だけは聞く
批判する人がいたら受け流して
無視する人がいたら期待しない
頑張っている人がいたら
できるかぎり応援し
悲しむ人がいたら側で話を聞いて
悩んでいる人がいたら一緒に考えて
困っている人がいたら
すぐに手を差し伸べる
どのような人がいても
どう付き合うか

056

困ったときに
すぐに頭に思い浮かぶのが
本当に頼りになる人
困ったときに
手を差し伸べてくれるのが
本当に優しい人

057

1人で抱えられるほど
人は強くはない
1人でもいいから
本音を話せる人が
そばにいると心強い

058

人生を変えたいなら
パートナーを見つけるか
今の仕事を変えるか
尊敬できる人に
出会うこと

059

誰を大切にするか
間違えると
一生後悔する

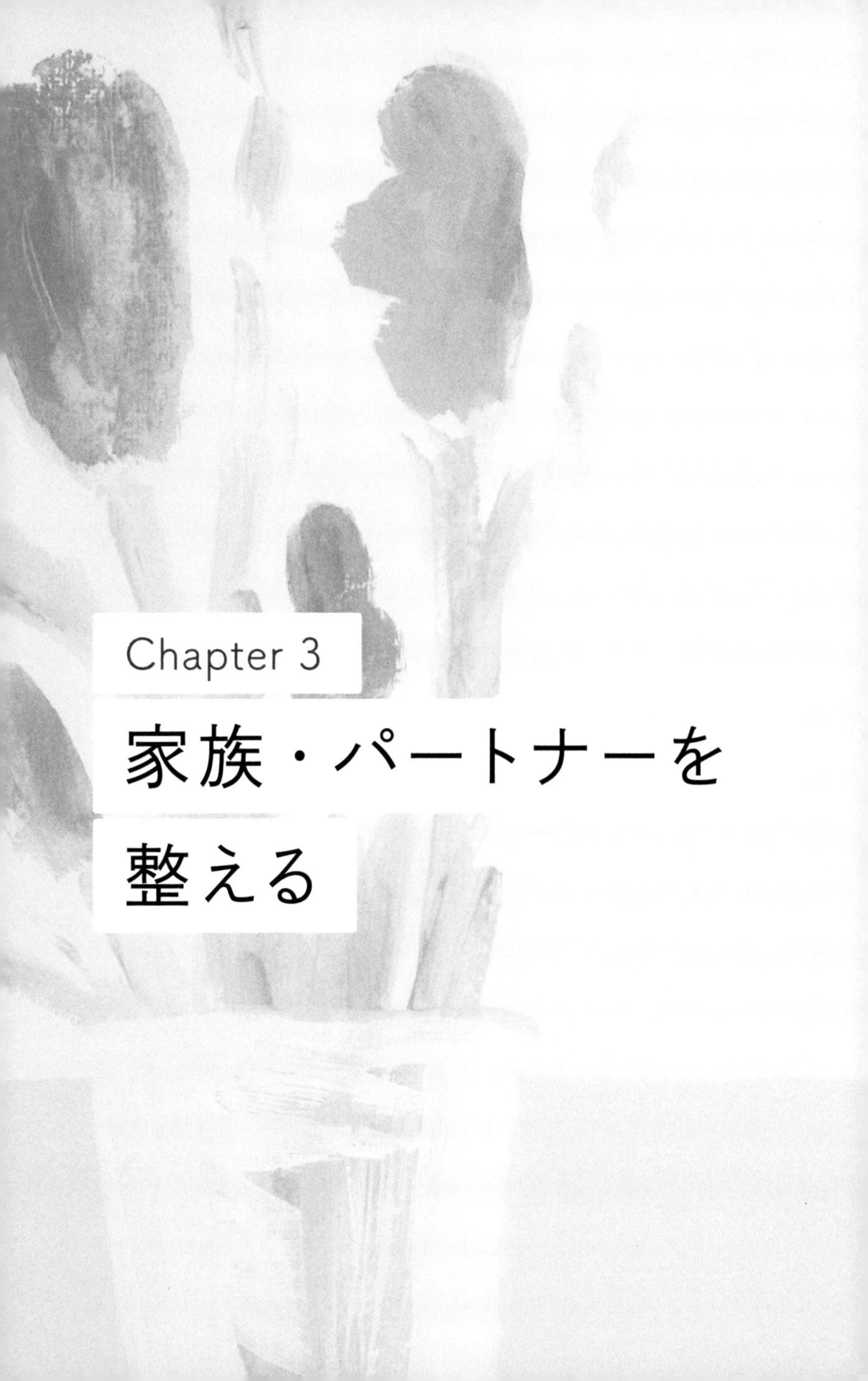

Chapter 3
家族・パートナーを整える

060

良い人と出会いたいなら条件は1つでも少ないほうがいい

061

女性の言葉の裏に
全く気がつかず
怒らせるのが男性
男性の言葉の裏に
何もないのに考えて
疲れてしまうのが女性

062

どんなに相手を
好きだとしても
自分の価値や魅力を
わからない人と
一緒にいても
幸せにはなれない

063

支えとなる

忘れようと頑張らなくていい
本当に好きだからこそ
捨てられない気持ちもある
本気で好きになって
その分だけ傷ついて
泣いた日々も
その寂しさも
いつか振り返って
思い出すことになる
一生懸命だった自分が
今の自分の支えとなる

064

相手に言いたいことは
半分ほど心にしまうこと
喧嘩《けんか》したときに
すべて伝えると
すべて失ってしまう

065

好きなときに好きって
言えなかったり
嫌なことがあっても
傷つくのが怖くて
我慢していたら
もう別れ時

066

寂しい理由

寂しさを感じるのは
恋人がいないからではなく
時間を忘れるほど
打ち込めるような
好きなことがなかったり
自分のことが
好きではないから
人と繋がるだけでは
安心はもたらされない

自分を大切に

裏切られたとしても
信じていた自分を
責めないように
傷つけられたとしても
頑張った自分を
恥じないように
相手がどう振る舞うかは
自分には関係ない
自分を大切に

068

恋愛6か条

一人でいるのは不幸ではなく
優先したほうがいいのは
自分の気持ち
もしも本音を言って
嫌われるなら
それまでの関係
付き合ってからも
気遣いは必要で
一度許したとしても
二度目は許さない
人生が充実していると
いい恋愛ができる

069

必要なもの

恋愛で必要なのは
信じる強さと
離れる勇気と
自分を愛する気持ち
結婚で必要なのは
思いやりと
少しのお金と
一緒に成長する気持ち

070

いつでも弱音を言えて
いつでも共感しあえて
いつでも助けあえる
そんな関係が家族なら
本当に幸せ

071

いつ何があるか
わからないから
通帳やパスワードなど
大切な物の保管場所は
家族に共有する

072

別れたい夫の特徴

スマホを見ながら
生返事をして
お願いしたことを
すぐに忘れて
やめて欲しいことを
何度でもやる
外では頑張るけど
家では頑張らず
こうすればいいと言うけど
自分からは動かない
何かしてもらっても
感謝の言葉を口にしないのが
別れたい夫

073

別れたい妻の特徴

理想を求めて
次から次へと夫へ要求し
気持ちを逆なでして
自信を失わせ
甘えることが負けと考え
自分でした方が早いと思い
任せたとしても小言を言う
悪いことが起きたら
すべて夫のせいにして
自分をかわいそうに思い
笑っていないのが
別れたい妻

074

結婚してからも
独身であるかのように
生活すると
すぐに別れて
また独身になる

075

いい夫婦のヒケツ

不満よりも感謝が多く
短所よりも多く長所を見つけ
記念日よりも毎日を大切にし
相手を変えようとするより
自分の言動を変える
家族だけど他人と思って
あまり期待しすぎず
一人で抱え込むより
二人で解決しようとし
過去にとらわれず
今に目を向ければ
いい夫婦となる

076

結婚して気づいたこと

・自分以外は旦那《だんな》も家族も他人
・結婚前の長所は結婚後の短所
・幸せを感じる以上の大変さがある
・2人だけの問題ではなくなる
・夫婦と言えるまでには10年かかる
・我慢しすぎは破局につながる
・自分の居場所がある幸せ
・男は一生子供
・人間そう簡単には変わらない
・親の苦労やありがたみ
・最初に感じた違和感は大体当たる

・義両親や親戚とは適度な距離を保つ
・忍耐と我慢と妥協が必要
・好きなだけでは生活できない
・相手に伝わるように伝えることの大切さ
・子育ての楽しさと大変さ
・支え合うことの素晴らしさ
・家族が増えるのはうれしい
・無条件で自分を受け止めてくれる人がいる安心感
・相手の家族も愛せるなら大丈夫
・好きな人と結婚できるのは本当に幸せ

077

愛してるの
言葉だけでは足りなくて
思いやる行動がないと
愛は伝わらない

078

愛され続ける人の特徴

・適度な距離を保てる
・駆け引きをしない
・聞くのが上手い
・自分の機嫌を自分で取れる
・損得勘定で行動しない
・自分磨きを怠らない
・自分をよく知っている
・笑顔と感謝を忘れない
・愛嬌《あいきょう》がある
・強いけど弱さを見せてくれる
・相手が欲しいと思う言葉をかける
・無条件に人を信じることができる
・自分の時間を楽しく過ごせる
・無理せず年齢にあらがわず自然体

079

相性がある

親とうまくできないのは
自分が悪いのか
家族と不仲なのは
自分が至らないのか
自分を責めて苦しまないように
どうしてもぶつかり
口を利きたくないこともある
会いたくないこともある
家族と仲が悪くても
他人とうまくやれることもあり
家族にも相性がある
時が解決することもあるから
仲良くなれなくても
気にしすぎないように

080

家族だからといって
わかりあえることはない
仲間や親友など
血のつながりがなくても
わかりあえる人もいる

081

離れる

相手の気持ちが
わからなくなったら
少し距離をあけて
時間を置いてみる
自分の想いばかり伝えていると
相手の気持ちが見えなくなる
動き出すのを待って
何もないなら
そのまま離れるしかない

082

犬の一生

将来を気にせず
自分の気持ちに素直で
同じことを何度しても
飽きずに楽しみ
同じ時間に同じ場所で
過ごして安心する
一度好きになったら最後まで信頼し
たとえ冷たくされても
ずっと信じている
耳が聞こえづらくなっても
目が見えづらくなっても
飼い主を覚えている
犬と過ごす時間は短いけど
心の中にずっと残り続ける

083

犬の気持ち

ペットではなく家族です
お腹が空くこともあれば
つい泣くことだってあります
掃除ができないのに部屋を汚し
病気になることもあるけど
あなたといるのが好きなんです
褒められるとうれしくて
かまってほしくて
言葉はわからないけれど
気持ちは届いています

できないこともあるけど
たまに言うことを
聞かないこともあるけど
どうか信じてください
いつかあなたより早く
元気がなくなり
そばにいられなくなるけど
あなたがしてくれたことを
ずっと忘れません

084

前を向く

残された人にできることは
その人の人生を背負うのではなく
自分の人生を生きること
生きる意味を見出すこと
ときには誰かに頼り
話を聞いたり助けを求めて
自分ができることを探して
新たな選択を重ねる
大切な人であればあるほど
忘れられないけど
前を向いて
生きることはできる

085

どんなに大切に想っても
誰にでも終わりがくる
想いを伝えるなら
感謝を伝えるなら
伝えられるうちに

086

子供を
幸せにするのではなく
どんな状況でも
幸せになれる
子供を育てる

Chapter 4
暮らしを整える

物の数

家に置いておく
物の数を決めること
あとは1つ買ったら
1つ手放すこと
どこに何があるのか
把握できて
いつでも引っ越せるのが
適切な量

088

何を言われても
熱く語れるものは
手元に残すこと
自分にとって
本当に大切なものは
残せばいい

089

プレゼント

自分がもらうより
誰かを想って
プレゼントを考えるほうが
うれしいもの
プレゼントはもらった時点で
役割を終えている
頂いた物でも不要なら
手放してもいい

090

自分を磨く

自分の価値を物で伝えない
目に見える物が
すべてではない
物で自分をごまかさず
物に頼らず
自分の力で変わること
自分を輝かせるのは
物ではなく自信だけ
自分を磨き続けるように

091

最高の物に出会うために
自分への投資を惜しまない
本物を見定めるには
知識と時間とお金と
忍耐が必要

092

何を捨てるかより
何を残したいか
どうしても
手放せない物が
本当に大切な物

093

人生で価値があるもの

・好きな気持ち
・好きな人の笑顔
・自分を好きになれること
・1つのことを継続すること
・何気なく過ごす時間
・健康でいられること
・平和であること
・子供との生活
・感謝できる心
・ときめいた青春

・自然にふれて安らぐ時間
・自分を笑顔にしてくれる存在
・いつ会っても変わらない親友
・いくつになっても挑戦すること
・自分が歩いてきた道
・生きていること

094

相手の顔を
思い出せない名刺は
迷わず捨てる
一度でもメールしてれば
相手の情報はわかる

095

あまり見返さないから
年賀状や手紙は撮影して
データでとっておく
捨てづらい物も撮影して
手放せばいい

096

思い出の品を
捨てたとしても
思い出は消えない
捨てて忘れるなら
それまでのこと

097

思い出の品

・母から譲り受けた指輪と料理器具
・披露宴で身に着けたティアラ
・子供のへその緒
・20年前に息子がくれた肩たたき券
・先輩にもらった第二ボタン
・子供が描いた絵
・母子手帳
・中学生のときの日記
・昔読んでいた小説本
・小さいころからの写真
・生まれたときから使っている毛布
・恋人からもらったネックレス
・毎日書いている手帳
・お父さんからもらった手紙

098

必要なときに

死んでから
見られたくないものは
今すぐ捨てる
全く使ってないなら
新品でも捨てる
お金を出して買えるものなら
迷わずに捨てる
必要なときに
また買えばいい

099

計画的に捨てる

一度にものを捨てようとしても
うまくいかないから
計画的に捨てること
時間と場所を決めて
手放すこと
何から片づけてよいか迷ったら
一度も使っていないものから
減らすように

100

1年使わなかった物は
これからも使わない
使えるかどうかより
使うかどうか

101

とりあえず作った
ポイントカードは
捨てること
持っているだけでは
お得にならない

102

値段が高い物

値段が高く
まだ使えると思う物でも
今使わないなら手放すこと
どんなに高い物でも
使わなければ価値はない
メンテナンスがめんどうなら
手放せばいい
高かったのは過去の話

103

どこにあるのか
わからない物を
見つけたときは捨てること
大切な物は忘れない
捨てるのに抵抗があるなら
寄付するか譲るか売ればいい

104

不要品を
高く売ろうとしない
捨てることに
集中できなくなる

105

物に愛着を持たないように捨てるときはあまり触れずすぐに判断する

106

手放すか悩んだときは
自分の物ではないとしたら
また買うかを考える
本当に大事な物なら
手放すか迷わない

107

人生で本当に必要なもの

・健康な身体
・稼げる能力
・素直さ
・思いやり
・幸せに気づける心
・考えの柔軟性
・ひとりの時間
・安らげる場所
・感謝の気持ち
・最低限の生活ができるお金
・どんなときも味方でいてくれる家族
・自分を甘やかす時間
・根拠のない自信と勇気

108

好きな服

どんなに見た目がよい服でも
着心地が悪ければ
いつか着なくなる
流行はまた来ない
愛着は戻らない
存在を忘れた服は手放すこと
本当に好きな服なら
毎日着ても飽きない
それくらいの服を
見つけるように

1シーズン3パターン
服があればいい
お気に入りの服が
一番心地よい

110

いい服とは動きやすく
着心地が良く
手入れが簡単で
丈夫で長く
着られるもの

111

サイズを間違えて
買ったものは
使わなくなる
正しいサイズを
買い直すこと

112

同じ用途のものなら
より小さくて
より軽いものを選ぶこと
重たいと使わなくなる

113

衝動買いしたものは
買った瞬間に
役割を終えていて
元は取れている
手放しても問題ない

114

自分が大切に思っている
ほとんどの物は
他人にとっては
無価値な物

115

たまに読み返し
手放したら
なかなか入手できず
いつも学べるのが
大切な本

116

こだわるもの

新しいものや目立つものに
目がいきがちだけど
昔から存在するものには
普遍的な良さがある
日常品こそ
上質なものにこだわる
目にするもの触れるものが
毎日を豊かにする

チラシやCMに惑わされないように定番の日用品を決めて買い換えのタイミングをあらかじめ決めて使い続ける

118

明確にする

いつか使うなら
いつなのかを明確にする
もしもわからないなら
手放すこと
物が増えるのは
何も考えずに選ぶから
自分の基準を持っておく

119

人生であるとよいもの

・余計なことを言わない口
・気を許せる友人
・思い切り
・自信
・文章力
・休む時間
・誰にも邪魔されない時間
・片付ける能力
・ノーと言える勇気
・安定した仕事
・余裕のあるお金
・好きな人からの愛情
・パソコンスキル
・人とうまくかかわる術

120

家も心もきれいになる
30日チャレンジ

※1日1つ、もしくは1か所を片付けましょう

DAY 1	冷蔵庫
DAY 2	食料品
DAY 3	キッチン用品
DAY 4	トイレ
DAY 5	クスリ
DAY 6	化粧品
DAY 7	洋服
DAY 8	下着
DAY 9	アクセサリー
DAY 10	靴
DAY 11	靴下
DAY 12	机
DAY 13	文房具
DAY 14	本や雑誌
DAY 15	紙類（レシートやDM）
DAY 16	写真
DAY 17	パソコンのデータ
DAY 18	ガジェットやアプリ
DAY 19	CD／DVD／ゲームソフト
DAY 20	おもちゃ
DAY 21	リビング or 寝室
DAY 22	倉庫 or ペット用品 or 車
DAY 23	パーティグッズ
DAY 24	旅行用品
DAY 25	健康グッズ or 便利グッズ
DAY 26	玄関
DAY 27	やりたかったこと
DAY 28	思い出の品
DAY 29	もらい物
DAY 30	人間関係

Chapter 5

家事を整える

121

今暮らしている部屋で
一生過ごしたいか
家に帰りたくて
仕方がないか

122

家事はなくならないけど
工夫次第で
減らすことはできる
時間を節約するなら
急ぐよりも確実にすること

123

家事で工夫していること

・遊び感覚で子供に手伝いしてもらう
・旦那をおだてて協力してもらう
・こまめに掃除をする
・物や道具に住所を決めて戻す
・早起きして家事を済ませる
・料理道具の配置にこだわる
・野菜は買ってきた日に刻んで冷凍する
・お肉は下味をつけて冷凍庫へ
・帰宅後すぐに勢いのまま夕飯作り
・朝食後にお昼と夕飯の下準備を終わらせる
・料理している合間に洗い物をする
・1週間分献立を考えて買い物は週1回
・常に手を抜けないか考える
・細かいことを気にせず完璧を目指さない

124

何を作るか
献立で悩むのなら
曜日を決めて
定番メニューを作る

125

定位置

部屋が散らかるのは
置く場所が
決まっていないから
定位置がないなら
まずは一時的な
置き場所を決め
探さなくても良いように
定位置を決める
いつも使う物だけ
そばに置くように

126

すぐにする

すぐに使えるように
買ったらすぐに
箱や袋から出すこと
不要な情報が
目に入らないよう
商品のラベルをはがすこと
スペースが無駄になるから
箱や袋をとっておかず
すぐに捨てること

127

統一する

物を買うときは
見た目だけで選ばない
暮らしに合うか考える
部屋の色がバラバラだと
心が落ち着かない
もしも悩んだら
白と黒で統一する

128

いつでも

積み重ねると
使わなくなるから
いつでも使えるように
重ねずに収納する
いつでも見られるように
収納していれば
使わない物を
見極められる

129

ネットショップを
自分の倉庫と考える
足りなくなってから
補充すればいい

130

無理して
使い道を探さない
何かに使えると
思うほど使えない
無理に違う目的で
物を使わないように

131

無理して使っているもの

・人から貰ったいらないもの
・グループＬＩＮＥ（子供関係）
・壊れそうなパソコン
・小さくなった消しゴム
・学校指定のもの
・残った食材
・神経
・肩が凝ってしまうコート
・ちぎれそうなキーケース
・インスタを見る時間
・義母から頂いた高級な子供服
・穴の開いた下着
・高価な化粧品やダイエットサプリ
・お気に入りの靴

132

掃除もダイエットも
コツコツ時間を
かけたほうが
リバウンドしない

133

捨てられない性格ではなく
捨てる基準がないだけ
子供がいるから
片付かないのではなく
片付けやすい
仕組みがないだけ

134

片付けの習慣

よく使う場所
子供が通る場所に
おもちゃを収納し
元に戻せないなら
一時置き場を用意し
すぐに手や口を出さずに
子供の様子を見守り
片付けられなければ
一緒に片付ける
少しずつ練習させ
片付けられたときに
褒めていれば習慣になる

135

収納場所を増やしても
片付かないから
物を減らすこと
空間に余裕を持たせれば
心にゆとりが生まれる

136

掃除するときは嫌いな物から捨て始める好きな物は最後にする

137

掃除は質より頻度
掃除するたびに
ゴミや汚れを
見つけやすくなり
掃除しやすくなる

138

どうしても
掃除する気が起きないなら
自分の家に
友達を招く約束をするか
代行サービスを利用する

139

どんなに量が少なくても
毎日洗濯する
洗濯物をためて
面倒にならないように

部屋が散らかるのは
同じようなものが
たくさんあるから
同じ用途のものは
一つあればいい

141

幸せな時間

・ひとりでカフェにいるとき
・お風呂につかっているとき
・恋人と電話しているとき
・寝る前の読書
・子供と大笑いする時間
・子供が寝てお菓子を食べるとき
・あの人を想う時間
・ありがとうと思うとき
・ゴロゴロしてテレビを見るとき
・お布団に入った瞬間

・二度寝できると知った瞬間
・会社に一番早く着いたとき
・トイレにいるとき
・部屋をピカピカにする時間
・ペットと戯《たわむ》れるとき
・子供の夢を聞く時間
・時間が止まってほしいとき
・金曜日の夕方

Chapter 6

お金を整える

142

欲しいだけなら
買わないこと
それ以外の理由が
あるかどうか
感情的にお金を
使わないように

143

お腹が空いているときにスーパーへ行かないあらかじめ何を買うか決めておく

144

使い切れない物が
増えるだけだから
買い溜《だ》めしないこと
なくなっても
すぐに困らない物は
なくなってから買えばいい

145

貸したお金は返ってこないと思っておくお金を貸すなら期待しない

146

金銭感覚が違う人とは
無理して付き合わない
苦手な誘いは
丁重にお断りする

147

お金を増やす

お金を持っているだけでは
それ以上の価値はない
自分に投資したり
誰かのために使ったり
お金を動かすことで
価値が生まれる
今よりもお金を求めるなら
見合うだけの価値を
提供できるか考えること
まわりに与え続ける人に
お金はやってくる

148

確実な投資

投資を考えるなら
いつまで生きたいか
いくら必要なのか考えること
理解できないものには
投資しないように
確実な投資は
自分と健康だけ

149

お金をかけてよかったもの

・毎日の食事
・基礎化粧品
・電動自転車
・子供の学費
・マイホーム（自分の部屋）
・下着
・靴
・海外旅行
・人との交流
・読書
・シミ取り
・歯列矯正
・体のメンテナンス
・大切な人へのプレゼント

150

財布の中の
お札の向きを
そろえておく
お金を大切する人に
お金はやってくる

毎月クレジットカードの
明細を確認する
お金の使い方と
他人に利用されてないかを
チェックする

152

欲しい物を見つけたら
まず保留して
今ある物を最大限生かして
満足できないか考える
それでも欲しいなら
購入する

153

迷ったときは
すぐに買わないこと
もしも売り切れたら
買わなくて済んだと
思えばいい

154

安いだけで買わない
あまり使わない物は
なるべくレンタルする
定価でもまた買いたいと
思う物が
本当に必要なもの

155

お気に入り

お気に入りの物
本当に良い物は
手に入れられるうちに
複数買っておく
本当に気に入った物を
丁寧に使えば
たとえ高くても
安い買い物となる

156

自分にとって
本当に大切な物
価値ある物を
明確にすることが
倹約の近道

157

ネットショッピング4か条

期間限定に惑わされ
ネットショップを夢中で回り
大切な時間を失わないように
送料無料にこだわらず
交通費と手間賃を考えて
欲しい物だけ買うように
ネットで見かけて
欲しくて仕方ないときは
悪いレビューも読むこと
脳が疲れているから
夜には注文せず
購入まで時間を空けるように

158

お金で買えないもの

・無償の愛
・家族円満
・人の縁
・思い出
・寿命
・時間
・人脈
・語学力
・子供の成長
・自己肯定感
・信頼できる友達
・好きな人の心
・当たり前の日常
・努力して得られたもの

節約ばかりすると
息苦しくなる
たまには贅沢《ぜいたく》し
おいしいものを食べて
お腹だけではなく
心も満たすこと

160

贅沢とは

・高級ホテルに宿泊する
・ホテルのアフタヌーンティーを満喫
・タクシーで移動する
・高級なステーキを食べる
・スイーツを一人占めする
・少しお高めなお菓子を食べる
・回らないお寿司屋さんへ行く
・値段を見ないで好きなものを買う
・何もしないでボーっとする
・海と空を眺めて過ごす

・1日中家でダラダラ過ごす
・推しのライブに各地で参戦
・体のメンテナンス
・家族旅行
・会いたい人に会いに行く
・大好きな人と一緒に過ごす

お金を使っても
なくなったのではなく
必要な人に渡っただけ
幸せになりたいなら
お金を稼ぐよりも
どのように使うか

162

お金の使い方

物より経験を買い
他人を喜ばせることに
お金を使い
お金を活かして
時間を生み出し
自分へのご褒美《ほうび》を忘れず
自分への投資を惜しまないのが
いいお金の使い方

163

お金をかけずに楽しめること

・友達とおしゃべり
・公園で自然散策
・お昼寝
・図書館で本を借りて読書
・映画ドラマアニメ鑑賞
・歌うこと
・宅トレ
・お部屋の片づけ
・愛犬との散歩
・YouTubeを見てダンス
・近所の知らない路地を歩く
・疲れるまで思いっきり走る
・将来について考えること
・夢を見ること夢を語ること

164

求めすぎない

住みたい場所に住めて
着たい物を着れて
食べたい物を食べれて
自分の好きなように選べて
生活できるなら
それ以上お金を求める必要はない
有難みを忘れず
今ある物を大切にして
生きるだけで幸せになれる

165

自分の気持ちを
高めてくれるもの
元気にしてくれるものに
お金を惜しまないこと
心に栄養を与えるのを
忘れないように

Chapter 7
習慣を整える

166

紙一重

勝敗を分けるのも
ご縁がつながるのも
紙一重なこともある
ぎりぎりのバランスで
保たれていて
何か起きたときに
どのように見るか
どのように受け止めるか
自分の一つ一つの行動が
結果を左右する

167

飛び出す

頭でわかることも大事だけど
身をもって知ることも大事
今の世界に満足せず
知らない世界へ飛び出すこと
ときには窮地《きゅうち》に立つことも
あるかもしれない
それでも学ぶ機会ととらえて
楽しめばいい
思いもよらないことが
チャンスになる

168

離れてみる

人生において
困難はないほうがいいけど
避けられないこともあり
上がったり下がったり
起伏があるように感じることもある
遠くから見れば空から見れば
平坦な道にしか見えず
ただ続いているだけ
もしも苦しいときは
その場から離れて
冷静になって見るように

169

工夫する

仕事と向き合い
今以上の結果を求めて
人より長く働くのもよいけど
今よりも働かずに
結果を出すのも大切
今よりも楽に働いて
楽しく働いて
結果が出るように
工夫すること
現状に満足しないように

170

好きなことをする

愚痴や悩みは
まわりを気にするから
生まれるけど
まわりは自分のことを
ほとんど見ていない
人からどう思われるか
考えるよりも
好きなことをすればいい
自分で動かなければ
望む未来はやってこない

171

良いこと悪いことに
理由は必要だけど
好きか嫌いかに
理由はいらない
自分の気持ちを
信じればいい

172

すぐ始める

不平や不満からは
何も生まれない
時間を無駄にするだけ
現実から目をそらしていると
チャンスを失うことさえある
今の自分に
何ができるのか考えて
できることから
すぐに始めればいい

173

突き進む

いくら頑張っていても
ふと先が見えなくなり
不安になることもある
つい誰かに苦労を話そうとしたり
わかってもらおうと
しようとすることもある
それでも泣き言を言わず
自分の選んだ道を信じて
突き進むこと

174

楽しむ

人生はなるようにしかならず
思いがけない失敗があっても
くよくよしないこと
今を生きるために
過去の栄光は不要で
どんなことが起きても
明るく生きたほうが徳を得る
最後まで自分の人生を
楽しく生きようとすれば
いつでも人生は輝く

175

人生は楽しいこともあるけど
同じくらい辛いこともある
何年経っても
今が一番楽しいと
言えるように
今日を楽しむだけ

176

健康

毎日を楽しみたいなら
お金を稼ぐために
努力するより
健康を維持するために
努力する

健康にいいことは
健康がよくないと
なかなかできないから
手遅れにならないうちに
体を大切にすること

177

毎日朝食を同じメニューにするその日の体調がわかり管理しやすくなる

178

薬よりも笑ったほうが
健康にいい
老けるのは
楽しもうとせず
笑わなくなるから

179

人に甘えすぎず
できることは自分でやる
何かしてもらったら
感謝するのを
忘れないように

180

誰かに依頼するときは
期待しすぎないこと
自分と同じように
できるとはかぎらない
完ぺきにできなくても
気にしないように

181

任せるのは楽だけど
日頃から自分で考えて
判断するように
人生の決断をするときに
一番頼りになるのは
自分の経験だけ

182

一番大きな決断

・家を購入したこと
・動物を迎えること
・子供を産むと決めたこと
・5年続けてきた不妊治療
・モラハラ男との離婚
・子供3人抱えての転職
・仕事を辞めますと伝えたとき
・アメリカへ移住
・退路を断って会社設立
・友達を守るために行動したこと

・社会人1年目で退職したこと
・家業を継承すること
・嫌いな人を嫌いと受け入れること
・大好きな人との同棲を解消すること
・追いかけていた夢をあきらめたこと
・夢の実現のために仕事を辞めたこと

183

選択肢を持つ

自ら選択肢を絞らないこと
選択肢が1つしかないと
不安になったり
焦ったりして
失敗することもある
いろいろな人に出会ったり
いろいろな仕事をしたり
複数の選択肢を持っておくと
心の余裕や可能性が生まれて
冷静に判断しやすくなる

184

信じる

過去に人に裏切られても
傷つけられても
目の前にいる人には
全く関係ない
少しでも手を差し伸べて
くれる人がいるなら
信じてみること
自ら壁を作って
自分の殻《から》にこもらないこと
自分を変えるきっかけは
人が与えてくれることもある

185

場所を選ぶ

まわりの評価はあてにならず
期待しすぎると裏切られるだけ
いくら頑張っても
認められないこともあるけど
本当に誰かのために
一生懸命頑張っていれば
認めてくれる人はあらわれる
もしも出会えないなら
自分を認めてくれる場所で
頑張るように

186

与えられた環境で
頑張ることは大切だけど
誰かに与えられた場所では
満足できないこともある
自分の居場所は
自分で作るように

187

頑張ることが
すべてではない
離れること休むこと
忘れること許すこと
できることはたくさんある

188

休んだ方がいい人の特徴

体を動かしたり
他人と会うのが
おっくうになり
部屋の片づけができず
泣いたり笑ったり
することが少なくなり
ちょっとしたことで
イライラしてしまう
わけもなく気分が沈み
思ったことをそのまま口にして
あとで後悔し
話したいことが
うまく言葉にできなければ
休むときかもしれない

189

休んだ分だけ取り戻そうと
思わなくていい
後ろ向きに過去をとらえず
心機一転
ゼロから始めればいい

190

頑張りすぎなくていいこと

・1人で全部やる
・多くの人に好かれようとする
・人に嫌われないようにする
・旦那の機嫌取り
・他人を変えようとする
・風邪で辛くても学校や仕事に行く
・いい人でいようとする
・親の期待に応える
・4時起きで弁当を作る
・辛くないふりをする
・相手を知ろうとしすぎる
・自分1人では乗り越えられないこと
・予定を詰め込みすぎる
・人の目を気にして振る舞う

191

教える

ひとりではなかなか成長せず
いろいろな人と出会いながら
成長している
教わることも大切だけど
教えることで学ぶこともある
教わることに謙虚になり
教えることに熱意を持てば
いくつになっても成長できる

自ら話すよりも
相手の話を聞いて
話を引き出し
1番聞いてほしいことを
相手に聞けば
相手から好かれる

193

今していることを
毎日続けていたら
どのような人生に
なるだろうか
後悔しないだろうか

194

絶対に忘れてはいけないこと

・感謝の気持ち
・自分との約束
・生かされていること
・いつ死ぬかわからない
・悪口を言うと自分に返ってくる
・不安な出来事は意外と起きない
・家族の誕生日と結婚記念日
・人を傷つけてしまった過去
・人から親切にされたこと
・寝る前の歯磨き
・1人では生きていけない
・言葉と行動で伝えること
・親しき仲にも礼儀あり
・今を大切にする

195

1日でいい

1日でいいから
怒らないようにして
1日でいいから
思いっきり笑い
1日でいいから
健康にいいことをして
1日でいいから
新しいことに挑戦して
1日でいいから
大切な人を大切にして
1日でいいから
続けようとすれば
素敵な1年になる

Chapter 8

生き方を整える

196

オシャレ

自分を知り
似合う服を着ることで
自信をつけられて
個性を出すことで
自分を好きになれて
外見と中身の
バランスをとりながら
自分らしさを表現する
年齢関係なく
いくつになっても
楽しめるのがオシャレ

197

洋服でもなく
メイクでもなく
あなたの生き方が
一番のオシャレ

198

生き方8か条

人生で最も残念なのは
まわりと比べること
人生で最も立派なのは
人を育てること
人生で最もみじめなのは
他人をうらやむこと
人生で最も寂しいのは
自分より大切な人がいないこと
人生で最も醜《みにく》いのは
よく知らない人の悪口を言うこと

人生で最も美しいのは
大切な人のために頑張ること
人生で最も悲しいのは
自分で可能性を閉ざすこと
人生で最も尊いのは
毎日を大切に生きること

199

自分を見失わないために
自分にとって
何が大切なのか
何が好きなのか
自分に問い続けること

200

体力があっても
財力があっても
協力があっても
気力がなければ
何もできない

201

チャンスの数は
努力で増えるけど
運の良さは
日頃の振る舞いで
決まる

202

遠くへ行くだけが
旅ではない
朝の散歩にも
日々の暮らしにも
新しい発見がある

203

つなげればいい

長生きすれば病気にもなり
思うようにいかなくなり
情けないこともある
たとえ苦しくても
ありのままの自分を
受け入れること
葛藤しながら
よく考えること
決して自分を
大きく見せようとせず
今できることをして
次につなげればいい

204

残念な人の特徴

口では気づかうけど
行動にうつさず
メリットがあるかどうかで
接し方が変わり
してもらったことは忘れるのに
してあげたことをアピールする
まわりにいい顔して
意見がコロコロ変わり
どう見られるかばかり
気にしているのが残念な人

205

過去の成功より
過去の失敗を
堂々と語れる人が
かっこいい

206

大切な人と聞かれて
たくさんの人を
思い出せたら
いい人生

207

魅力

どんな人も
やがて歳をとり
シワやシミがあらわれ
お肌がくすみ
目元にクマができる
そうなった時に
美しさを見せるものが
その人の魅力

外見は
目に見える内面
外見を磨くうちに
内面も変わり
与え続けることで
魅力は生まれる

209

人と犬の違い

人は老いを恐れるけど
犬は歳を気にしない
人は他人と比べるけど
犬は我が道を行く
人はうそをつくけど
犬はいつも正直
人は過去にこだわるけど
犬は根に持たない
人は我慢するけど
犬は自分の気持ちに素直
人は気持ちが冷めるけど
犬は命を懸けて愛し続ける
犬から学ぶことはたくさんある

210

歳をとる

歳をとるのは悲しいこと
歳をとるのは不幸なこと
そう考えていると
人生はつまらなくなる
いくつになっても
これからも楽しみがあると
思って生きていたほうが
人生は楽しくなる

211

歳を重ねてよかったこと

・人の気持ちに寄り添える
・人に優しくなれる
・いろいろなことが見えてくる
・いい意味で適当になる
・食事を楽しめるようになる
・何でも言い合える友達ができる
・人生の意味が少しずつわかる
・執着することがなくなる
・幸せと思える時間が増える
・本当に信頼できる人がわかる

・怖いものがなくなる
・忍耐力が身につく
・他人の視線が気にならなくなる
・自分は自分と思えるようになる
・小さいことにくよくよしない
・当たり前に感謝できる

212

生きやすくなるために

活躍しやすい仕事を選び
心地よい人と一緒に働き
苦手な人からなるべく離れて
関わらないようにする
白黒つけず完璧を求めず
他人も自分も許し
過去や未来を気にせず
今だけに集中し
やりたいことを優先すれば
生きやすくなる

生きやすさとは
やらなくていいことを
どれだけしないか
まわりの目を
どれだけ気にしないか

214

ひとり

ひとりだから
誰にも気をつかわず
ひとりだから
自由に時間を使えて
ひとりだから
好きなことができる
ひとりで暮らしても
ひとりで生きているわけではない
誰かを支えていて
誰かに支えられている

215

もっと人生を
楽しみたいなら
見る目と聞く耳と
信じる心を持つこと

216

小さな幸せ

・お休みの日の二度寝
・誰もいない部屋にいる
・朝の凛《りん》とした空気を吸い込む
・ゾロ目を見る
・乗りたい電車に間に合う
・信号を待たずに渡れる
・半額シールのついたパンを見つける
・何事もなく家に帰れる
・家族みんな大爆笑している
・ネギがハートの形
・暖かい部屋でアイスを食べる
・子供の寝顔を見る
・夜中に一人でポテチを食べる
・今日1日頑張ったと思いながら寝る

幸せか不幸か
考えずに生きられたら
もう幸せかもしれない

218

悩みは弱さから生まれ
自信は努力から生まれ
余裕は時間から生まれ
信念は覚悟から生まれ
つながりは笑顔から生まれ
幸せは感謝から生まれる

今の人生で満足していること

・朝目が覚めて生きていること
・毎日ご飯が食べられること
・眠たい時に寝れること
・笑顔でいられること
・寄り添ってくれる人がいること
・何でも話せる友達がいること
・好きな趣味に没頭できること
・また人を好きになれたこと
・大切な人のそばにいられること
・夫婦でいられること
・かわいい子供たちがいること
・努力できる環境があること
・生かされていること

220

生き方に
答えはないけど
最後の日を考えれば
どう生きるか
考えやすくなる

221

人生で無駄なこと

・やらない後悔
・まわりの目を気にする
・悪口や批判する
・嫌いな人を考える
・まわりと自分を比べる
・まわりのせいにして過ごす
・自分を雑に扱う人と一緒にいる
・恋愛中の男女の駆け引き
・自分の家で探し物をする
・解決しないことで悩む
・まだ起きていないことを心配する
・ダラダラしてスマホを見る
・夜に考えごとをする
・なぜ自分が生まれたのかを考える

222

人生が変わる前兆

興味が変わり
新しいことが楽しくなり
つらかった過去が糧になり
理解できなかったことが
わかるようになる
自分のまわりから人が離れ
ひとりの時間が増え
自分と向きあうようになり
今まで出会わなかった人と
出会えていれば
人生が変わり始める

装丁……………………石間 淳
本文デザイン…藤田大督
装画……………………田口実千代
校正……………………(株)鷗来堂
編集……………………髙畑　圭

［著者］

たぐちひさと

Instagram、TikTokなどで仕事、家族、人生をテーマとした言葉を綴り、SNS総フォロワー数100万人。著書に『20代からの自分を強くする「あかさたなはまやらわ」の法則』（三笠書房）、『そのままでいい』『キミのままでいい』（ディスカヴァー・トゥエンティワン）、『きっと明日はいい日になる』（PHP研究所）、『もうやめよう』（扶桑社）、『もっと人生は楽しくなる』（ダイヤモンド社）、『ありのままの私を好きになる366の質問』『ありのままの私で人づきあいが楽になる366の質問』（SBクリエイティブ）など。累計80万部以上。

Instagram
(yumekanau2)

TikTok
(yumekanau2)

いつも幸せはそばにある

2024年6月30日　第1版発行
2024年9月15日　第3刷発行

著者　たぐちひさと
発行者　小宮英行
発行所　株式会社徳間書店
〒141-8202　東京都品川区上大崎3-1-1目黒セントラルスクエア
電話　編集(03) 5403-4344　販売(049) 293-5521
振替　00140-0-44392
印刷・製本所　株式会社広済堂ネクスト

ISBN 978-4-19-865840-3